AF491032

ПЕРЕМОГА НАД ПСИХІЧНИМ ЗАХВОРЮВАННЯМ

NICK GRIEMSMANN

ПЕРЕДМОВА

Мільйони людей борються з психічними захворюваннями. Ця книга присвячена саме тим, хто страждає від них. Я молюся, щоб ця книга допомогла вам і/або комусь, хто вам небайдужий, знайти полегшення від мук психічної хвороби.

Зверніть увагу, що я, Нік Ґрімсман, не є професійним консультантом, психіатром чи будь-якою іншою особою з медичною підготовкою. Я просто людина, якій небайдуже, і яка хоче спробувати допомогти тим, хто страждає на психічні захворювання.

Ця книга написана для того, щоб розповісти читачеві про моє особисте свідчення повного одужання від шизофренії та дати надію. Все що тут написано, має на меті допомогти, а не засуджувати чи образити будь-яку людину чи групу людей. Я глибоко переймаюся і вірю, що для людей є велика надія на повне одужання від будь-якого типу психічного захворювання.

Я написав це від свого серця до вашого.

З повагою,

Нік Ґрімсман

1

АЕРОПОРТ НЕШВІЛЛА, КИЙКИ ТА ГОЛІВУД

«Це невиліковне». — сказав нам з мамою психіатр. Це було восени 2003 року, і ми сиділи разом в районній психіатричній клініці у Феніксі, штат Арізона. «Невиліковне?» — відповіла лікарю мама.

Психіатру було близько 70 років, вона виглядала дуже пригніченою та твердо відповіла моїй матері: «Так, параноїдна шизофренія — це невиліковна психічна хвороба. Ваш син завжди буде змушений приймати призначені ліки, отримувати (державну) інвалідність, жити або з вами або в будинку групового проживання, швидше за все, ніколи не зможе втриматися на роботі та, безумовно, не зможе мати власну сім'ю.»

Далі вона сказала: «Іноді в таких випадках через десять або близько того років пацієнт може впасти в кататонічний стан. Це схоже на те, що ми називаємо «овочем»».

У моєї матері широко відкрився рот коли вона безнадійно подивилася на мене, свого 23-річного сина, який ледве міг говорити, бо голоси заволоділи майже всім його розумом. Вона схопила мене за руку і сказала: «Ніку, все буде добре!»

Повний зміст того, що лікар сказав нам того дня, я усвідомив лише через декілька тижнів. Сидячи в будинку моєї матері (саме там я жив на той час), я раптом зрозумів, що медичний фахівець діагностував у мене «невиліковну» психічну хворобу і що мені ніколи (так я думав) не стане краще. Мої надії та мрії про майбутнє були розбиті.

Я вірив негативному висновку лікаря понад півроку, аж поки одного дня не вирішив щось з цим зробити — дати відсіч!

Мені поставили діагноз шизофренія, коли мені було трохи за двадцять. Точніше, це був тиждень до мого 23-го дня народження. Як і багато інших дітей, я ріс у цілком нормальній нерелігійній родині. Я відвідав церкву з родиною кілька разів, переважно на великі свята. Загалом, я мало знав про релігію.

Мої батьки розлучилися, коли мені було вісім років. Після розлучення батько не часто бував поруч. Я багато дізнався про те, як бути чоловіком, дивлячись телевізор , і спілкуючись зі своїм старшим братом та його друзями.

Повертаючись в кінець 90-х — я кинув школу в 10-му класі через сильну залежність від марихуани та алкоголю. По суті, я занадто багато гуляв.

У 19 років я працював барменом і з усіх сил намагався закінчити коледж. Коли мені був 21 рік, на вулиці, де я працював, відкрився модний нічний клуб, і я вирішив спробувати влаштуватися туди на роботу. Менеджер бару взяв мене на роботу, і чесно кажучи, я думав, що я на шляху до здійснення найбільшої мрії мого життя - працювати барменом в одному з найпопулярніших нічних клубів у Скоттсдейлі, штат Арізона.

У той період свого життя я спілкувався з багатими людьми, зустрічався з красивими жінками, вживав різні заборонені наркотики, сильно пив і водночас був абсолютно жалюгідним всередині. Я став незадоволений тим, що, як я вважав, мало б мене задовольнити.

Працюючи в нічному клубі, моє серце почало стискатися від того, що я наливав напої людям, які напевно збираються сідати за кермо в нетверезому стані. Я також почав відчувати себе погано через те, що перебуваю в середовищі, де і чоловіки і жінки, про яких я знав, що вони одружені, шукають інтимних стосунків з іншими людьми, окрім свого чоловіка чи дружини. Через це я почав шкодувати про свою роботу.

Важкість на серці через роботу бармена в нічному клубі разом із почуттям засудження за власні особисті гріхи спонукнули мене почати досліджувати Бога та загробне життя. Мене цікавило що станеться, коли я врешті-решт помру. Чи буду я судимим за всі негативні речі, які я зробив, і слова, які я сказав за життя? Мені справді потрібні були відповіді.

Я почав час від часу дивитися релігійні передачі по телебаченню, а згодом зрештою придбав Біблію. Я звик ховати Біблію під стільницею у ванній кімнаті, бо боявся, що мої сусіди по кімнаті подумають, що я збожеволів, що читаю її.

Читаючи Біблію, я відчув, як серце тягнеться до Ісуса. Проблема полягала в тому, що я не знав, як звільнитися від усього того, що було в моєму серці і важкої ковдри засудження, яка, як відчувалося, завжди сиділа на моїх плечах. Мені було по чесному погано через мій спосіб життя та поведінку. Я знав у своєму серці, що я не жив найкращим життям. Я по щирому задавався питанням, чи потраплю я на Небеса наприкінці свого життя чи ні. Я точно не хотів пропустити Небеса. Хто б хотів?

Ви можете відчувати себе так сьогодні. Можливо, ви відчуваєте, що ваш спосіб життя неправильний, і, можливо відчуваєте в серці осуд з цього приводу. Дозвольте сказати вам щось чудове – прощення ближче, ніж ви думаєте. Бог Отець піклується про вас. Насправді Ісус знаходиться на відстані молитви від Вас. Будьте заохочені молитися до Нього щодня.

Одного дня я вирішив подзвонити на християнську молитовну лінію. Жінка по телефону запитала мене: «Ви спасенні?» Я не розумів, що вона мала на увазі, тому що було так багато різних конфесій і релігій. В моєму розумінні, термін «спасенний» може означати багато речей. Я запитав її, що, на її думку, це означає. Вона пояснила Євангеліє і заохотила мене помолитися разом з нею. Вона повела мене в молитві покаяння перед Богом. Я особисто попросив Ісуса Христа пробачити мене, спасти мене й омити мене Його дорогоцінною кров'ю.

Чесно кажучи, спочатку я просто сказав молитву, бо відчував ніби я повинен. Та жінка здалася якоюсь настирною, як на мене. Але, озираючись назад, я так вдячний за неї, тому що ця молитва змінила все моє життя.

Під час молитви, коли я вимовив ім'я Ісуса, я міг відчути, як ця очищуюча тепла присутність (тепер я знаю, що це був Святий Дух) проноситься через мене й очищає всю мою душу. Це було таке дивовижне відчуття. Я ніколи цього не забуду.

Одного сонячного квітневого дня 2002 року я присв'ятив своє життя Богові, отримав прощення та спасіння навіки. Однією простою молитвою віри я був миттєво звільнений від потягу до вечірок, пияцтва та наркотиків. Я отримав нове життя, я справді народився згори.

17Тому, хто у Христі, той нове створіння; давнє минуло, ось усе стало новим. 2 Кор 5:17

Після того чудового духовного досвіду я спробував знайти церкву, щоб відвідувати її. Я шукав в Інтернеті християнські церкви і випадково натрапив на веб-сайт чоловіка, який стверджував, що є одним із двох останніх свідків, згаданих у Книзі Одкровення. Звичайно, він не був одним із двох свідків, але, будучи щойно наверненим у християнство, я не усвідомлював, що існують лжевчителі. Я повірив йому на слово.

На сайті цієї людини було сказано, що його церква забезпечує всім необхідним для життя (одяг, їжа, притулок тощо) усіх тих, хто справді бажає служити Господу всім своїм серцем, душею, розумом і силою. Це здавалося ідеальним місцем для таких, як я, хто хотів служити Ісусу.

Навіть не роздумуючи, я вирішив переїхати від сім'ї та друзів і жити в одному з церковних комплексів, щоб «служити Господу». Комплекс, де я опинився, знаходився в Арканзасі.

В Арканзасі спочатку все здавалося нормальним. Це місце не було схоже на культ. Але тепер, коли я озираюся назад, я бачив кілька серйозних ознак, які попереджали мене про те, що я перебував в культі. На жаль, я не звернув на них уваги. Я був наївним, легко довіряв людям і відчував полегшення від того, що опинився далеко від своїх колишніх друзів по чарці. Я відчував себе таким чистим і вільним всередині. Я думав, що життя в комуні вбереже мене від зовнішніх негативних впливів.

Приблизно через місяць лідери церкви сказали мені, що моя сім'я від диявола і що я більше не повинен мати з ними жодних телефонних контактів. Вони сказали, що час від часу я можу надіслати лист або два, але на цьому все. На той час, коли вони мені це сказали, я вже був готовий повірити у все, що вони сказали. На мою думку, я служив Господу в єдиній істинній церкві, поки мене навчав один із двох останніх свідків. Незабаром я зрозумів, що я був дуже обманутим.

У церковному комплексі, коли хтось через щось потрапляв у неприємності, наприклад, не виконував роботу по господарству, заспав під час церкви, сперечався з іншим членом тощо, або хтось доносив на тебе за те, що ти робив щось проти заповідей Пророка, порушник отримував касету надіслану з церковного офісу.

Одного разу я був у шортах у церковному святилищі. Бачили б ви, як розлютилися церковні лідери. Один із них сказав, що я грішу проти Господа, бо пророк мав правило, згідно з яким ніхто не міг носити шорти у святилищі. Він сказав мені, що Бог може вбити мене тут же і спалити в пеклі за те, що я не послухався наказів пророка. Я так злякався!

Переживання такого роду осуду змусило мене зі страхом коритися всьому, що, як вони казали, було наказами пророка. Вони могли сказати мені все, що завгодно, і я б їх послухав.

Касети з докорами були касетними стрічками, які роздавали членам Церкви, і на них був записаний лідер, який кричав на порушника та погрожував вигнати його з церкви. Одного разу я бачив, як один чоловік отримав одну з цих стрічок, і тремтів від жаху. Лідер кричав на нього, кажучи, що той горітиме в пеклі, якщо не покається і не виконуватиме достеменно всі його накази. Бідолашний так злякався! І я теж, чесно кажучи.

Разом із цими касетами з докорами обов'язковим було ходити на церковну службу щовечора. Під час цих додаткових богослужінь ми виконували три пісні для поклоніння, слухали короткі свідчення, якась старша людина з церкви ділилася чимось з Біблії (зазвичай про пекло), а потім вони програвали касети із вченням лідера або дивилися відео з теорією змови на великому телевізорі.

Коли нам доводилося слухати проповіді лідера, це майже завжди було про вогонь в пеклі та сірку. Я буквально щодня перебував у страху та муках.У моєму розумі було таке бачення Бога: він був старим, підлим, розлюченим чоловіком, який сидів у небі і був у захваті від спалення усіх живими у пеклі. У моїй системі переконань, майже ніхто не потрапляв на небо.

Я ніколи не бачив і не зустрічався з лідером культу віч-на-віч. Я лише коротко поговорив з ним по телефону. Він не жив на території комплексу, а був в іншому місці. Подейкували, що він жив з малолітніми нареченими.

Я нічого не знав про малолітніх наречених, поки його не заарештували в 2009 році, коли про це повідомили в національних новинах. Я залишив культ у 2003 році. Зрештою лідер був визнаний винним у скоєнні злочину та засуджений до 175 років у федеральній в'язниці, де він зрештою й помер.

Пробувши в культі близько п'яти місяців, страждаючи від величезного страху і будучи щодня в муках страху перед пеклом, я почав чути голоси у своєму розумі. Спочатку я подумав, що це голоси ангелів і Святого Духа.

Однієї ночі, коли я їхав роздавати тисячі примірників літератури, щоб завербувати більше членів до культу, ті голоси взяли верх наді мною. Вони мені сказали тікати з групи. Після того, як я пройшов багато миль, вголос розмовляючи з голосами в моїй голові, мене знайшли коли я кричав у залі видачі багажу в міжнародному аеропорту Нешвілла. Так, ви читаєте правдиву історію.

Полишивши ту групу і гуляючи містом, я опинився вранці на великому трав'яному полі біля аеропорту. Пам'ятаю, як я лежав у траві дуже наляканий, адже я втік із культу. Я думав, що я ніколи не зможу спастись знову.

Лжевчитель навчав нас, що ми в єдиній істинній церкві, і це означало, що якщо ми колись залишимо її, ми залишимо Ісуса і Святого Духа. Він сказав нам, що якщо ми покинемо церкву, то будемо засуджені на віки вічні до пекла, тому що нас вважатимуть богохульниками Святого Духа.

В аеропорту я пішов у зону видачі багажу, щоб випити води та скористатися вбиральнею. У вбиральні ті голоси підказали мені ідею. Вони сказали, що мені потрібно стати перед усіма на коліна, заплющити очі і почати голосно молитися Богу, щоб усі почули. Голоси сказали мені, що якщо я зроблю те, що вони сказали, то Бог надприродним чином перенесе мене на Граунд Зіро в Нью-Йорку, щоб всім там проповідувати. Вони сказали мені, що я був великим пророком останніх часів.

Я вийшов на середину зали видачі багажу і на очах у 200 з гаком людей впав на коліна, заплющив очі й почав кричати до Бога в молитві. Це було доти, доки не приїхала поліція аеропорту - Гуп! Бах! Ой!

Вони кричали на мене, щоб я зупинився, але я не зупинявся. Тоді мене вдарив поліцейський. Я впав на підлогу, продовжуючи кричати, бо думав, що чим голосніше я буду кричати, тим швидше Бог перенесе мене. Після того, як мене затримали фізично, поліцейські зв'язали мене та винесли з аеропорту. Яка ж це була дика сцена.

Після спроби поговорити зі мною поліцейські помітили, що я сильно зневоднений і потребую психіатричного лікування. Врешті решт мене відівезли до психіатричної лікарні в Нешвіллі для спостереження. Своє 23-річчя я провів, сидячи в психлікарні.

Після спостереження мене відпустили і посадили на автобус до Фенікса. Потрапивши додому, моя родина зрозуміла, що культ промив мені мізки. Все, про що я міг говорити, це Біблія та пекло. Я не міг підтримувати розмову. Я міг лише говорити людям, що вони потраплять у пекло, якщо не покаються і не приєднаються до єдиної істинної церкви в Арканзасі. Моя родина мало що могла зробити для мене.

Якимось чином я потрапив на автобус, прямуючи назад до культу після того, як провів близько місяця з родиною та приймав ліки від шизофренії. Цього разу я, замість комуни в Арканзасі, поїхав до віддаленого поселення культу за межами Голлівуду, штат Каліфорнія. Мені було соромно повертатися до Арканзасу до людей, які знали мене раніше. Я подумав, що каліфорнійське поселення буде кращим.

Поки я був на базі в Каліфорнії, я не приймав психотропні ліки, які мені прописали. Це було тому, що я не вірив, що справді маю психічну хворобу, і лідери культу сказали, що мені заборонено приймати ліки, поки я там живу.

Приблизно через два тижні перебування в Каліфорнії без ліків у мене почалися жахливі галюцинації. Я чув ще гучніші голоси та робив якісь дивні речі. Настільки дивні, що одного вечора лідери церкви сказали мені забрати всі свої речі та сказали мені: «Ти підеш проповідувати на вулиці».

Я швидко схопив усе й стрибнув у мікроавтобус, радіючи можливості розповісти людям про приєднання до єдиної істинної церкви. Замість того, щоб проповідувати на вулиці, як вони сказали, чоловіки зупинилися в ресторані швидкого харчування. Вони провели мене всередину та купили мені сендвіч.

Поки я нахилив мою голову, щоб відкусити шматочок сендвіча, вони вже зникли. Я був наляканий до нестями. Я думав, що похулив Святого Духа і знову втратив своє спасіння!

Я вийшов на вулицю, щоб знайти церковних лідерів, але не міг знайти навіть їх сліду. Тоді з'явилися голоси і почали говорити мені, що я повинен заплющити очі. Вони сказали, що якщо я відкрию очі, то відразу потраплю в пекло. Звичайно, через те, що я був такий наляканий, я слухав голоси і виконував усе, що вони мені казали.

Цей досвід може здатися вам безглуздим, але спробуйте згадати, що я був молодим хлопцем, який справді любив Ісуса і хотів служити Йому всім серцем. Я щиро думав, що Бог говорив зі мною в моїй голові і казав мені щось робити. Я думав, що Ісус перевіряв мою віру.

Незабаром після того, як я вийшов з ресторану швидкого харчування, я якимось чином заснув на автобусній зупинці. Наступного ранку я прокинувся зі сходом сонця. Мене знову охопив весь той страх. Я справді думав, що втратив своє спасіння. Що мені було робити? Куди я міг піти? Церква мене вигнала, і це була єдина справжня церква у світі. Я відчував себе приреченим.

Голоси нахлинули і сказали: «Ісус Христос повертається, щоб судити світ прямо зараз, поглянь вгору і побачиш. Тож я

я глянув вгору на сонце, і воно проглядало крізь хмари. У цей момент у мене була галюцинація. Мені здалося, що я бачу Ісуса на білому коні, який їде судити світ. Тоді ті голоси сказали: «Ти повинен показати світові, що Тобі не соромно». Я відповів їм: «Я не соромлюся Ісуса, я люблю Його». Потім голоси відповіли: «Тоді зніми весь свій одяг і покажи світові, що ти не соромишся Ісуса».

Так, так, це те, що я зробив. На розі вулиці в Голлівуді, штат Каліфорнія, у 2003 році, лише через шість місяців після того, як я пізнав Ісуса своїм Господом і Спасителем, я прилюдно зняв з себе одяг і пішов вулицею абсолютно голий. Це було найбільш збентежуюче переживання в моєму житті.

Здавалося, що я був голий лише кілька секунд, перш ніж приїхала швидка допомога і відвезла мене до лікарні. Вони думали, що я був під героїном чи іншим важким наркотиком. Після того, як лікарі швидкої допомоги оглянули мене, я був перевезений в іншу психіатричну лікарню для обстеження.

Я записав ці подробиці, щоб показати Вам, що я мав справу з травматичним досвідом, і що для вас і/або ваших близьких є надія незалежно від того, наскільки поганою не здавалася б ситуація.

Раніше у мене було багато страшних галюцинацій. Часом здавалося, що радіо і телебачення будуть говорити безпосередньо зі мною. Одного разу було відчуття, що телевізор мого сусіда був пов'язаний із моїми мозковими хвилями через стіну. Це важко пояснити, але це була дуже страшна галюцинація.

У мене було стільки тривоги під шкірою, у шлунку та в голові, що я навіть не міг вигуляти собаку на вулиці. Я боявся кожної секунди свого життя. У мене був тяжкий випадок агорафобії. Все, що я міг робити, це цілими днями ходити туди-сюди у вітальні моєї матері.

Я навіть думав, що президент Сполучених Штатів стежить за мною. Поруч зі мною з'явилася істота типу інопланетянина і заговорила зі мною. До речі, зі мною спілкувалося багато різних людей, яких там навіть не було. Мені з'являлися люди, яких я вважав ангелами, і деякі інші дивні речі, в які більшість людей ніколи б не повірила.Так, можна сказати, що я був у досить безнадійній ситуації в мої двадцять з чимось.

Я міг би розповісти вам про багато інших речей, пов'язаних з галюцинаціями та поїздками до шести різних психіатричних закладів в чотирьох різних штатах (Теннессі, Каліфорнія, Арізона та Оклахома), але ця книга не про галюцинації та перебування в психлікарнях, ця книга має на меті підбадьорити, підняти дух та дати надію.

Дивовижно, але під час і після одужання від шизофренії я працював у сфері охорони психічного здоров'я . Я використав свою історію одужання, щоб допомогти багатьом психічно хворим людям. Як адміністратор компанії, що займалася охороною психічного здоров'я, я використовував свій досвід, щоб ділитися знаннями та мудрістю в розробці уроків, груп та інших заходів, щоб допомогти людям у громаді. Мене також запрошували виступити на конференціях і заходах, щоб поділитися своєю історією одужання з іншими. В мене брали інтерв'ю як на відео, так і для статей, написаних людьми з різних куточків країни, які працюють у сфері психічного здоров'я.

Мені здається дивовижним, як Бог помістив мене в ту саму компанію по охорої психічного здоров'я, в якій я колись був пацієнтом. Я почав з неповного робочого дня, допомагаючи в програмі заходів, а згодом керував п'ятьма різними програмами, в яких працювало понад 40 співробітників, включаючи консультантів та інших, які мали набагато вищу кваліфікацію, ніж я. Моя робота була дивом.

Пишучи цю книгу, я не лише спираюся на власний досвід боротьби з психічним захворюванням, але й включаю роки роботи в галузі психічного здоров'я та досвід християнського служіння, щоб допомогти підсилити вас у вашому власному шляху до одужання.

У наступних кількох розділах я збираюся розглянути наведені нижче ключові моменти. Нехай Бог благословить Вас під час того, як Ви будете читати це з відкритим серцем і розумом.

Ключові моменти

- ✓ Що таке психічне захворювання і звідки воно може виникнути?

- ✓ Деякі кроки, які я зробив і які можуть допомогти Вам у вашому власному одужанні.

- ✓ Як я вірю, що ви можете послужити як собі, так і іншим для цілісної свободи всієї людини.

- ✓ Знищення брехні всередині розуму.

ЩО ЗРОБИВ БИ ІСУС?

Термін «психічне захворювання» — це словосполученя, яке багато людей використовують, щоб описати людину, яка страждає від розладу розуму. З термінів, які ви, можливо, чули раніше, це біполярний розлад, клінічна депресія, параноїдна шизофренія, шизоафективний розлад, посттравматичний стресовий розлад (ПТСР), розлад множинної особистості, обсесивно-компульсивний розлад (ОКР), генералізований тривожний розлад і т.і.

Особисто я вважаю, що більшість із цих захворювань отримують свій ярлик через симптоми, які людина проявляє. Наприклад, якщо хтось має діагноз біполярний розлад, зазвичай це відбувається тому, що він переходить від крайнього верху до крайнього низу у своїй особистості та діях, звідси термін біполярний. Якщо людині поставлено діагноз «шизофренія», зазвичай це пов'язано з тим, що ця людина має дещо спотворену реальність і страждає від зорових і/або слухових галюцинацій.

Лікарі кажуть що, як правило, більшість діагнозів психічних захворювань викликані хімічним дисбалансом у мозку людини. Через цей хімічний дисбаланс лікарі призначають психіатричні препарати, щоб спробувати стабілізувати або нормалізувати стан людини, яка страждає.

Більшість медичних фахівців скажуть вам, що психічне захворювання можна контролювати, але не можна вилікувати. Це означає, що той самий висновок, який ми з матір/ю отримали в психіатричній клініці про відсутність надії на повне одужання, повторюється знову і знову сім'ям по всьому світу. Через це люди можуть відчувати себе повністю безнадійними.

Одного разу я ділився своєю історією одужання в психіатричному колі, і після того, як я закінчив, психіатр підняла руку, як я думав, для того, щоб поставити запитання. Натомість вона виглядала схвильованною і сказала всім присутнім, що повністю вилікуватися від шизофренії неможливо, оскільки це невиліковна психічна хвороба. Здавалося, вона намагалася змусити мене посперечатися з нею. Вона продовжувала говорити, що мені, напевно, поставили неправильний діагноз і, можливо, у мене взагалі ніколи не було шизофренії. Я люб'язно дав їй знати, що в мене є сотні сторінок медичних документів, які свідчать про те, що багато різних лікарів поставили мені один і той же діагноз. І, звісно, вона не усвідомлювала цієї однієї речі — на моєму боці був Ісус. Він був моїм цілителем і визволителем. Він зцілив мене від психічної хвороби, і Він також може зцілити вас!

Отже, звідки береться психічне захворювання? Я не лікар і не медичний фахівець, тому не можу відповісти на це питання з медичної точки зору, але я можу спробувати відповісти на нього з біблійної точки зору.

Для декого з вас це може бути новим і, можливо, трохи страшним, але з любові до людей я хочу поділитися тим, що я вважаю своєю істиною. Ви можете це прийняти або відкинути, це між вами і Богом.

Зі свого особистого досвіду я вірю, що через травму та прийняття великої кількості брехні в мою свідомість, до моєї душі (розуму, волі та емоцій) якимось чином прикріпилися духовні твердині і спричинили можливий хімічний дисбаланс, який призвів до кінцевого діагнозу шизофренія. Біблія згадує духовні твердині та важливість оновлення нашого розуму.

4Бо зброя нашої війни не плотська, а сильна перед Богом для руйнування твердинь.

5Нею ми руйнуємо мудрування і всяке звеличування, яке піднімається проти пізнання Бога, і полонимо кожну думку у послух Христу,

6і готові покарати за всякий непослух, коли здійсниться ваш послух. 2 Коринтянам 10: 4-6

2І не пристосовуйтесь до цього світу, а змінюйтесь оновленням вашого розуму, щоб вам розпізнавати,

що є волею Божою — доброю, угодною і досконалою.
Римлянам 12:2

Можливо, ви вперше почули про психічне захворювання, спричинене духовними твердинями, але я вірю, що це може бути причиною для багатьох страждаючих людей. Я прийшов до цього висновку через власний досвід психічного захворювання і роки роботи в галузі психічного здоров'я та християнського служіння.

Я хочу сказати, що я особисто не вірю, що всі випадки психічних захворювань спричинені духовними силами. Людський організм — дуже складна система, і ми не можемо звинувачувати злих духів у всьому.

Коли я боровся з шизофренією, моя мати заходила в Інтернет і шукала ресурси, щоб допомогти мені почуватися краще. Здавалося, що вона щовечора сиділа за комп'ютером, переглядала веб-сайти та читала статті про можливі способи лікування шизофренії. Вона змусила мене їсти багато риби, тому що це мало допомогти хімічним процесам в моєму мозку. Я не знаю, чи це справді спрацювало, але я хочу скористатися моментом і подякувати мамі за те, що вона була такою чудовою підтримкою в найважчий час мого життя. Дякую тобі, мамо, за те, що ти була такою сильною і підтримувала мене всі ці роки. Я тебе дуже люблю і ціную.

Протягом багатьох років я розмовляв з багатьма людьми про психічні захворювання. Мені здається, що більшість вважає, що психічні захворювання викликані виключно хімічним дизбалансом. Навіть великий відсоток християн відкидує те, що духовні твердині можуть бути причиною хімічного дисбалансу в людині.

Для мене твердиня – це місце в чиїйсь системі переконань, яке побудоване на брехні. Коли ми продовжуємо вірити в брехню, тоді твердиня може стати більш укріпленою. Я вважаю, що коли вона стає сильнішою, вона може змусити людину зробити неправильний життєвий вибір, спричинити емоційні/фізичні проблеми та навіть спричинити психічне захворювання.

Я думаю про твердиню як про місце в душі (розумі, волі та емоціях), де злі духи можуть спробувати вивести з ладу всю людину. Вони роблять це, постійно брешучи людині, навіюючи їй хибні переконання та емоції. Тому я вірю, що пізнання Ісуса, Істини, може звільнити людей.

Сьогодні я маю те, що називається листом про скасування діагнозу. Мені довелося пройти багато лікарів та клінічних оглядів, щоб отримати його. Цей лист стверджує, що у мене більше немає жодних психічних захворювань.

32 і пізнаєте істину, й істина зробить вас вільними.
Євангеліє від Івана 8:32

Раніше я приймав вісім-десять психотропних препаратів на день і кожні два тижні ходив до клініки, щоб отримати укол у м'яз стегна/сідниці. Мені було соромно отримувати укол від медсестри. Я так це ненавидів і іноді плакав через це.

Але зараз я можу озирнутися назад і потішитися тим, через що я пройшов, тому що мій досвід може допомогти вам або комусь, хто вам небайдужий. Повірте, світло в кінці тунелю є.

Можливо, ви задаєтеся питанням щодо маленьких дітей із психічними захворюваннями, чи можуть вони також мати ці твердині. Я особисто переконаний, маленькі діти можуть зазнавати духовного впливу так само як і дорослі. Але як таке може бути?

Я вважаю, що на це може бути будь-яка кількість причин, включаючи травму в утробі матері, відторгнення, жорстоке поводження, передачу ДНК від батьків тощо. Це можуть бути буквально сотні інших речей. Але я виявив, що дивитися на позитив набагато продуктивніше, ніж зосереджуватися на негативі. Зосередьтеся на Божому слові. Для страждаючих дітей є надія. Біблія говорить нам, що Ісус зцілював не лише дорослих, але й дітей.

14Коли вони прийшли до народу, підійшов до Нього один чоловік і, ставши перед Ним на коліна, сказав:

15Господи, змилуйся над моїм сином, бо він лунатик і тяжко страждає; бо часто кидається у вогонь і часто у воду.

16Я приводив його до Твоїх учнів, та вони не змогли зцілити його.

17Ісус сказав у відповідь: О, роде невіруючий і розбещений! Доки Я буду з вами? Доки Я буду терпіти вас? Приведіть його сюди до Мене!

18І Ісус заборонив йому, і біс вийшов з нього, — і хлопець у ту ж мить зцілився. Матвія 17:14-18

25Бо одна жінка, дочка якої була одержима нечистим духом, почула про Нього, прийшла, упала Йому в ноги

26(а ця жінка була язичницею, родом сирофінікійка) і стала просити Його, щоб Він вигнав біса з її дочки.

27Ісус же сказав їй: Дай спочатку наїстися дітям, бо недобре взяти хліб у дітей і кинути собакам.

28Вона ж сказала Йому у відповідь: Так, Господи, але ж і собаки їдять під столом крихти від дітей.

29Він сказав їй: За ці слова йди: біс вийшов із твоєї дочки.

30Прийшовши додому, вона побачила, що біс вийшов і дочка лежить у ліжку. Мк 7:25-30

Багато дітей сьогодні борються з тривогою, гнівом, страхом і фобіями. На моє особисте переконання, однією з головних причин цього є середовище проживання дитини. Чи знаєте ви, що дитячий розум подібний до пилососів і може всмоктувати все, що трапляється на його шляху? Це може бути добре і погано водночас. Низька самооцінка, депресивні думки, бунтарство та базовані на страху системи переконань можуть легко закарбуватися у свідомості дитини, якщо вона часто стикається з неправильними речами. Як то кажуть, «Сміття на вході, сміття на виході».

Чим більше травм і сміття дитина отримує, тим більше проблем у неї може виникнути в майбутньому.

Захищайте своїх дітей якомога краще. Святий Дух може допомогти вам, якщо ви щиро попросите Його про це.

Пам'ятайте, що якщо у когось є психічно хвора дитина, це не означає, що вони погані батьки. Психічне захворювання може бути викликане багатьма різними речами, в яких ніхто не винен. Іноді це одна велика загадка, чому саме у дитини проявляється фізичне, психічне чи емоційне захворювання. Не засуджуйте себе, якщо вашій дитині поставили якийсь такий діагноз. Натомість довіряйте Божим обіцянкам щодо зцілення та цілісності. Ісус любить вашу дитину більше, ніж ви самі!

Я дізнався, що багато психічних захворювань у дорослих можуть бути спричинені жорстоким поводженням, травмою, вживанням алкоголю та наркотиків тощо. Багато солдатів отримують діагноз посттравматичного стресового розладу (ПТСР) через жахливий досвід під час війни. Психічні захворювання також можуть проявлятися після жорстокого поводження в подружжі, духовного насилля з боку інших людей, нещасних випадків, зґвалтувань і цей список можна продовжувати.

Чи бачите ви схожість із тим, що я тут перерахував, і тим, що Біблія називає гріхом?

Наприклад, дитина зазнає насилля з боку члена сім'ї. Це може якимось чином сприяти тому, що в душі дитини (розумі, волі, емоціях) з'являться духовні твердині, які можуть призвести до того, що дитина буде відчувати муки. Разом з насильством до дитини приходять негативні думки та емоції. Брехня та відчуття можуть бути будь-якими: це твоя вина, ти поганий, тебе не люблять, ти нікому не подобаєшся, ти ненавидиш себе, ти повинен вбити себе, тощо.

Чи бачите ви, як травматичний досвід може дозволити брехливим думкам і емоціям вирости й почати формувати твердиню, що, у свою чергу, може призвести до емоційного/психічного захворювання?

Я також бачив, що проблеми з психічним здоров'ям, пов'язані з насиллям у дитинстві, не проявлялися доти, доки людина не стане дорослою. Подумайте про це таким чином: посаджене насіння може з часом вирости і стати деревом. Так саме насіння зла може вирости і стати великим деревом зла (це дерево уособлює психічне, емоційне або фізичне захворювання в подальшому житті).

Щоб насіння стало великим деревом, потрібен деякий час, але врешті решт це відбувається. Деякому насінню потрібен короткий час для росту, а іншим потрібно більше часу. А деяке насіння відмирає. Так само можна думати про те, як гріх руйнує життя людей. Посіяне насіння гріха або виросте малим, або виросте великим, або загине.

5Тоді похіть, зачавши, народжує гріх, а вчинений гріх народжує смерть. Якова 1:15

Кров Ісуса очищає нас від усякого гріха, щоб негативне насіння, яке ми або інші посіяли в нас, могло загинути.

7А якщо ходимо в світлі, як Він є в світлі, то маємо спільність один з одним і кров Ісуса Христа, Його Сина, очищає нас від усякого гріха. вана 1:7

Отже, як я вже згадував раніше, психічне захворювання, яке проявляється у дорослої людини, може бути пов'язане з чимось, що сталося багато років тому, коли вона була дитиною. Якщо допомогти цій людині опрацювати своє минуле з молитвою, любов'ю, прощенням і благодаттю, тоді вона зможе отримати справжню свободу.

Ось ще кілька прикладів, щоб допомогти вам: солдат бачить, як його друзі гинуть на полі бою. Переживання такого типу травми може дозволити побудувати твердиню в душі солдата. Йому здається, що він не може позбутися спогадів, що вкорінилися в його/її свідомості, а емоції страху, тривоги, смутку тощо охоплюють їх до такої міри, що вони не можуть нормально функціонувати без психотропних препаратів.

Людина, залежна від наркотиків, може руйнувати своє тіло/мозок і водночас дозволяти хибним переконанням створювати твердині залежності. Ці твердині продовжують брехати людині, тягнучи її далі по шляху руйнування.

Дружина, яка зазнає словесного насилля з боку свого чоловіка, може почати страждати від депресивних, негативних шаблонів мислення і почати ненавидіти себе, мати суїцидальні думки, страждати від депресії тощо.

Дитина, яку цькують у школі, може почати прислухатися до думок про ненависть до себе, відторгнення, гнів тощо. Травма, отримана внаслідок цькування, та негативні шаблони мислення можуть з часом проявитися у вигляді психічного захворювання та/або проблеми з поведінкою.

Ціль цих прикладів полягає в тому, щоб допомогти вам зрозуміти, що багато випадків з психічним здоров'ям можуть бути пов'язані з якимось минулим чи теперішнім гріхом, травмою, способом життя та/або системою вірувань.

А що на рахунок вас? Чи пережили Ви травму в дитинстві? Як складалося ваше життя? Чи є у вас якісь хибні системи переконань?

Я В ПЕКЕЛЬНОМУ ПОЛУМ'Ї

Коли я працював у сфері психічного здоров'я, я зустрів жінку, якій було близько 40 років, яка страждала від психічної хвороби. Вона мені розповіла, що у неї троє дітей, які живуть з її колишнім чоловіком. Вона сказала, що він її бив та словесно ображав щодня. Вона також додала, що була звичайним підлітком і у віці 19 років почала вживати марихуану на вечірках. Пізніше вона познайомилася із своїм чоловіком і народила трьох дітей.

Через кілька років словесного та фізичного насильства з боку чоловіка у неї почалися галюцинації, і їй поставили діагноз психічного захворювання. Я не знаю точно, що саме їй поставили, але я вірю, що вона страждала на шизофренію.

Найцікавіша частина: жінка сиділа на групах / уроках і скаржилася на нестерпний біль під шкірою. Вона казала, що її шкіра завжди горить.

Коли я говорив з нею про біль, вона сказала, що Бог послав її в пекло, і хоча вона жила на землі, вона перебувала в духовному пеклі. Під її шкірою був біль пекельного вогню, вона сказала, що він здавався таким гарячим, як справжній вогонь. Жінка сказала, що це дуже боляче. Вона сказала, що втратила надію, оскільки жоден лікар не міг діагностувати цю проблему болю, і люди думали, що вона вигадувала цю історію.

Я бачив у її очах, що вона була чесною зі мною. Вона вірила, що те, що вона переживала, було на 100% реальним. Вона відчувала це своїм тілом. Це жахливе відчуття тривало багато років, і вона не могла від нього позбутися. Це привело її до повної безнадії, до того, що вона майже щодня думала про самогубство. Вона ніколи не могла отримати ніякого полегшення від тих мук.

Можливо, у вас не такі симптоми, як у цієї жінки, але може, ви маєте справу з чимось схожим? Я хочу, щоб ви знали, що є велика надія для вас. Не падайте духом.

Одного дня я розмовляв з цією жінкою, і мова зайшла про християнство. Я запитав про її духовне життя. Вона сказала, що була спасенна (віддала своє життя Ісусу) молодою дівчиною і досі має віру. Вона згадала, що за неї молилося багато людей, але вона все ще не могла звільнитися від пекельного полум'я під своєю шкірою. Вона сказала, що вірить, що Ісус більше не чує її молитов, тому що вона була поганою і втратила своє спасіння.

Я поговорив з нею і спробував пояснити істину, що вона не втратила своє спасіння, тому що Бог любить її і пробачив її. Я робив усе можливе, щоб проявити співчуття й обережно підвести її до істини.

> *5і від Ісуса Христа, вірного свідка, первістка з мертвих і володаря царів землі. Йому, що полюбив нас, і обмив нас від наших гріхів Своєю кров'ю,*
> *Одкровення 1:5*

Невдовзі після цієї розмови я більше ніколи не бачив її в установі. Я сподіваюся, що Бог одного дня визволить її від брехні та мук, про які вона мені розповіла. Це розбило моє серце бачити цю жінку, яка так мучилася. Я переконаний, що в усьому світі є багато людей, які страждають так само, як та жінка. Я молюся за них.

Чи бачите ви, як психічна хвороба цієї жінки ймовірно могла бути викликана духовними твердинями, побудованими на брехні? Чи бачите ви, як через її власний минулий спосіб життя на вечірках і знущання з боку чоловіка ці твердині могли прикріпитися до її мозку і почати змінювати шаблони її мислення ? Чи може таке бути, що через її власний вибір способу життя та гріхи її чоловіка проти неї, ця жінка мучиться тепер?

Я виявив, що після того, як брехня потрапляє в свідомість людини, вона мучить її все більшою і більшою брехнею. Твердиня тримає людину в обмані і мучить її брехнею, фальшивими емоціями і навіть галюцинаціями.

Якщо людина продовжує вірити брехні та негативним емоціям, вона зрештою може почати бачити те, чого інші не бачать, чути голоси у своєму розумі, відчувати комах у собі, жити в постійній параної, перебувати у вогні пекла тощо. Я щирю вірю, що багато що з цих речей може бути спричинені духовними твердинями, збудованими всередині душі людини.

А ви як вважаєте ? Чи вірите ви, що деякі симптоми психічних захворювань можуть бути спричинені неправильними системами переконань/духовними твердинями?

ТЕ, ЩО ДОПОМОГЛО МЕНІ

Припустимо, ви вважаєте, що саме твердині є причиною проблем, з якими ви маєте справу. Як ви можете звільнитися? Що ж, я не можу точно сказати вам, що робити, тому що я не знаю всього про вас, як працює ваш мозок, як функціонують ваші емоції, ваші системи переконань тощо. Тільки Бог Отець справді все знає про вас. Він вас створив. І хороша новина полягає в тому, що ви для Нього дуже особливі.

У Біблії ви можете побачити, що Ісус мав різні способи зцілення людей. Ви не можете помістити Творця в коробку. Під час свого власного християнського служіння я бачив, як деякі люди отримували миттєві чудеса, а інші, подібні до мене, доходили до свого зцілення протягом певного періоду часу.

Я не розумію, чому така різниця, але я вирішив продовжувати довіряти Божому слову, як би це не виглядало. Усі люди різні, і Бог вирішує зцілити нас так, як Він хоче. Наше завдання полягає в тому, щоб продовжувати вірити в Його істину, доки ми не побачимо, що обіцянка зцілення здійсниться в нашому житті.

Я хочу запропонувати вам кілька простих речей, які я використовував, щоб допомогти розвивати мої стосунки з Богом, прийняти більше Його любові та дійти до свого зцілення. Коли я робив це і продовжував віддавати своє життя Ісусу, я почав бути все вільнішим й вільнішим від мук психічної хвороби.

Стати учнем Ісуса Христа

23До всіх же сказав: Хто хоче піти за Мною, хай зречеться себе, щоденно бере свій хрест і йде за Мною. Луки 9:23

Це був мій перший крок. Я дійсно вирішив у своєму серці стати учнем Ісуса Христа. Не релігійною людиною, але пристрасно прагнути особистих стосунків з Богом. Я вирішив читати слова Ісуса, повірити в те, що Він сказав, і виконувати їх. Це не завжди було легко, але я робив (і досі роблю) усе можливе, щоб поставити Ісуса на перше місце у своєму житті та обставинах.

Якщо ви ще не народилися згори, або, по іншому, не є спасенними, і хотіли б почати особисті стосунки з Ісусом Христом, ви можете промовити молитву, наведену нижче. Я вірю, що якщо ви справді хочете присвятити своє життя Ісусу, ви можете помолитися, і Божий Дух вас зустріне прямо тут.

Зразок молитви

«Дорогий Боже, я приходжу до Тебе сьогодні і вирішую зізнатися, що я грішник, який потребує, щоб Ти врятував мене. Я прошу, щоб Ти прийшов сьогодні, торкнувся мого серця і змінив мене. Я визнаю своїми устами Ісуса Христа Господом і вірю своїм серцем, що Бог воскресив Його з мертвих. Я прошу, щоб Ти, Ісусе, змив усі мої гріхи Своєю дорогоцінною кров'ю і наповнив мене Своїм Святим Духом. Сьогодні я вирішив стати Твоїм послідовником. Я молюся про це від усього серця до Бога Отця в ім'я Ісуса Христа з Назарета, амінь".

Якщо ви справді вірите, то ви щойно спаслися, вітаю

Щодня віддаючи своє серце Ісусу, я навчився молитися. Молитва буда одним із моїх інструментів номер один, яким я навчився користуватися. Після того як деякий час сплинув після перебування в секті в Арканзасі, я вже менше боявся ходити до церкви. Я молився і просив Ісуса про хорошу церкву, і Він привів мене в наповнену Духом церкву біля будинку моєї матері.

Я також навчився поклонятися Богові. Я рекомендую всім, хто бореться з психічними захворюваннями, знайти час для поклоніння, щоб ви могли відчути присутність Святого Духа та отримати зцілення всередині та зовні.

Оскільки я регулярно відвідував церкву, мене запрошували на молитовні зібрання. Молитва була для мене життєвою лінією з Богом. Я не міг прожити й дня без молитви. Спочатку я почав молитися лише одну хвилину на ніч через муки і голоси в моїй голові. Таким чином, я почав з малого в своєму молитовному житті, але згодом міг проводити одну-дві години в молитві. Завдяки дисципліні молитви я став ближчим до Ісуса, і потім одного дня Він проявився потужньо для мене: звільнив мене!

Усвідомлюючи свою владу

Коли я мав справу з проблемами психічного здоров'я, моя мама обдзвонила всі церкви в нашому районі і попросила про допомогу для свого сина, хворого на шизофренію. Більшість церков сказали, що вони не знають, як мені допомогти, і що я повинен просто продовжувати отримувати допомогу в своїй психіатричній клініці. Я молюся, щоб більше церков було оснащено для допомоги людям, які страждають на психічні захворювання.

Коли я почав дізнаватися про свою духовну владу як віруючої людини і зрозумів що можу подолати твердині, я був у захваті.

Моє перше знайомство із звільненням від твердинь сталося після того, як я отримав книгу від знайомої жінки в моїй помісній церкві. Я також читав кілька християнських веб-сайтів і розмовляв на цю тему з кількома зрілими віруючими.

Я не міг у це повірити: вперше в житті я повірив, що можу звільнитися від тих мук. Я міг розірвати угоду з тією брехнею та наказати будь-якому злому духу, який якимось чином міг бути приєднаний до мого розуму, піти в ім'я Ісуса. Яке одкровення, яке чудо, яка надія в мене була!

Так, одного разу я почав молитися, коли обходив басейн моєї матері позаду її будинку. Я ходив туди-сюди, круг за кругом, молячись до Ісуса і просячи Його допомогти мені вигнати голоси.

З моєю новознайденою духовною владою я почав відмовлятися від брехні та в ім'я Ісуса наказав голосам і злим духам залишити мене. Приблизно через годину молитов і наказів я відчув, як величезна духовна сила вилетіла з моєї голови. Воно пішло з такою силою, що я впав на землю. Я був такий щасливий! Я лежав на терасі біля басейну і плакав від вдячності. З тим першим результатом звільнення я знав, що був на шляху до повної свободи.

Я знаю, що все це може бути новим для вас і може здатися трохи божевільним, але це мій особистий досвід. Я ділюся цим, щоб спробувати допомогти людям.

Покаяння / зміна свідомості

Іншим інструментом, який супроводжував моє молитовне життя та усвідомленням моєї влади, було покаяння. Тоді я не дуже розумів покаяння, але тепер, озираючись назад, я в основному це і робив весь час. Я називаю це розбиратися зі сміттям. Це те, що, на мою думку, має робити кожен – розібратися зі сміттям.

А яке сміття є у вашому житті? Ви все ще ведете спосіб життя, який суперечить Божому слову? Які речі, на вашу думку, суперечать заповіді ходити в чистоті, любові та благодаті?

11Улюблені, благаю вас, як приходьків і мандрівників, утримуватися від плотських похотей, які воюють проти душі, 1 Петра 2:11

Раніше я зосереджувався на тому непотребі в моєму житті та на тому, як жахливо я почувався з цього приводу. Це змушувало мене почуватися засудженим і мізерним щодо себе як християнина. Я знову і знову засуджував себе за свої помилки. Згодом, коли я позрілішав, я зрозумів, що краще не зосереджуватися тільки на тому непотребі, а зосереджуватися на тому, Хто живе в тобі. Якщо ваша основна увага завжди зосереджена на негативі, вам важко не відчувати себе засудженим весь час.

1Тож немає тепер ніякого засудження тим, які у Христі Ісусі живуть не по плоті, а по Духу.
Послання до Римлян 8:1

2Про вишнє думайте, а не про земне.
Колосянам 3:2

Я вірю, що християнам слід зосереджуватися на тому Дусі, який живе в них, а це Дух любові. Коли вони навчаться ходити в Дусі, як заохочує нас Біблія, сміття в нашому характері та житті почне видалятися надприродним чином через Святого Духа в нас.

Наша робота як учнів Христа полягає в тому, щоб співпрацювати з Ним і всім серцем віддатися Його господству.

Коли ми дізнаємося про свою ідентичність і Божу волю щодо нашого життя, ми починаємо змінюватися зсередини.

16Тож кажу: живіть по Духу, і ви не будете виконувати похіть плоті. Галатам 5:16

10Любов не робить ближньому зла. Отже, любов є виконанням Закону. Послання до Римлян 13:10

1Тож будьте наслідувачами Бога, як улюблені діти,

2і живіть у любові, як і Христос полюбив нас і віддав Себе за нас у приношення й жертву Богу на приємні пахощі. Послання до Єфесян 5:1-2

Ходіння у спілкуванні з Ісусом передбачає оновлення нашого розуму, навчання любові та прийняття рішення робити кращий життєвий вибір. Покаяння означає змінити свою думку. Коли ви зміните свої погляди, ваша поведінка також почне змінюватися.

Якщо ви почнете докладати зусиль, щоб перестати вірити в брехню, ви можете почати отримувати більше духовної свободи. Якщо ви продовжуєте погоджуватися з брехнею і слухати голоси у своєму розумі, а також не ставитеся до себе та інших з любов'ю, вам може бути важче змусити твердині покинути вас. Ви тоді можете бути тим, кого Біблія називає живучим по плоті.

19Діла ж плоті явні; ними є перелюб, блуд, нечистота, розпуста,

20ідолослужіння, чародійство, ворожнеча, чвари, ревнощі, лють, суперечки, розбрат, поділи,

21заздрощі, вбивства, п'янки, гулянки і тому подібне; про що я попереджаю вас, як і раніше попереджав, що ті, які таке роблять, Царства Божого не успадкують. Галатам 5:19-21

Якщо це так, попросіть Господа допомогти вам покаятися—змінити свою думку. Як я вже говорив раніше, коли ви починаєте вірити правильно, ви починаєте надприроднім чином змінюватися під впливом Святого Духа. Я вірю, що ходити в Дусі означає ходити в любові.

Процес трансформації вимагає часу. Будьте терплячими і даруйте собі багато благодаті. Як то кажуть, Рим не був побудований за один день.

Якщо життя по плоті описує кохану людину, не впадайте у відчай. Продовжуйте молитися і довіряйте своєму люблячому Небесному Батькові, що він заволодіє їхнім серцем. Бог любить людей, про яких ви турбуєтеся, більше, ніж ви самі.

Коли я вперше почав змінювати свій розум, я запитав Господа про речі у своєму житті, від яких я повинен відмовитися. Я молився і вивчав Його слово, щоб знайти Його волю. Я передумав брати участь у статевому гріху, зробив усе можливе, щоб перестати сперечатися з людьми, працював над тим, щоб позбутися непрощення, яке я тримав до інших, і деякі інші особисті речі. Я також передумав розмовляти з голосами в моєму розумі та вірити будь чому, що вони говорили.

Не можу передати, наскільки важливим є життя в стилі покаяння, яке є зміною думки.

2Ісус сказав їм у відповідь: Ви думаєте, що ці галілеяни були грішніші за всіх галілеян, раз так постраждали?

3Ні, кажу вам; але якщо не покаєтесь, то всі ви так само загинете. Луки 13:2-3

Я вдячний за благодать, яку Бог дав мені щоб я був вільний від багатьох речей. Так, до цього дня я все ще живу стилем життя, який наповнений покаянням, і завжди буду. Для мене це частина моєї ходи з Ісусом. Бог хоче змінити нас, і Він може це зробити, коли ми погоджуємось і рівняємося на Його Слово.

14Бо всі, що водяться Духом Божим, є синами Божими. Римлян 8:14

18А якщо ви Духом водитесь, то ви не під Законом. Галатів 5:18

Я особисто вірю, що по цей бік вічності ви завжди будете проходити через певний процес трансформації. Він хоче жити Своє життя через вас, а це, як на мене, схоже на цілу низку перетворень, чи не так ?

Поклоніння

Мені дуже допомогло те, що я став поклонятися. Я навчився поклонятися від щирого серця. Я ходив на концерти поклоніння та багато різних церковних служінь, щоб потрапити в Божу присутність і отримати зцілення. Коли ви поклоняєтеся Господу, приходить Його присутність, а в Його присутності є повнота радості, зцілення, звільнення та свободи.

17Господь є Дух, а де Дух Господній, там свобода.
2 Коринтянам 3:17

Одна з найрозумніших речей, яку я пам'ятаю і яка допомогла мені в моєму поклонінні та молитовному житті, була придбання МР3-плеєра та завантаження гарної сповненої Духом Божим музики для поклоніння,. Ви можете знайти хорошу музику для поклоніння в Інтернеті, якщо пошукаєте. Я вдягав навушники, вмикав музику чи аудіо Біблію і йшов на довгі прогулянки, молячись і поклоняючись Богові.

Не можу передати, наскільки це мені допомогло. Я дуже це рекомендую. Музика в навушниках допомогла заглушити голоси і водночас допомогла мені більше зосередитися на моєму Спасителі. Це чудово спрацювало. Можливо варто спробувати?

Борючись доброю боротьбою віри

Основні речі, яких я навчився, такі як читання Слова, молитва, поклоніння, покаяння тощо, допомогли мені в моєму наступному кроці – борінні доброю боротьбою віри. Я вирішив у своєму серці та зібрався вигнати кожну брехню і кожну духовну твердиню зі своєї душі, скільки б часу це не забрало. Я був налаштований не здаватися, доки не побачу перемогу.

Майже щодня я вдягав навушники, молився, поклонявся Богу, розривав угоду з брехнею та наказував їй вийти з мого розуму в ім'я Ісуса. За один рік я повністю звільнився від мук шизофренії.

Ви можете сказати: «Один рік? Це надто довго!». А я відповім: «Мені знадобився рік, а вам може знадобитися лише один день, тиждень, місяць або довше. Немає значення, скільки часу це займе, адже свобода того варта, чи не так?»

Якщо ви вирішили стати учнем Ісуса і хочете здобути перемогу над твердинями, тоді я вважаю, що ваше ставлення має бути таким, що ви в цьому надовго.

Чи бажаєте ви продовжувати рухатися вперед в Ісусі? Я був готовий і вгадайте що? Бог проявився для мене. Я вільний і навіть маю лист про анулювання діагнозу, щоб підтвердити це!

Моє серце було налаштовано так: я сказав Богу, що якщо я ніколи не зцілюся від шизофренії, я все одно зроблю все можливе, щоб слідувати за Ним. Це і про вас сьогодні? Чи готові ви йти за Ісусом, якщо з якоїсь причини ніколи не отримаєте зцілення?

Якщо вам важко мати таке ставлення в серці, попросіть Бога Отця допомогти вам цього досягти. Він вірно відповідає на ваші щирі молитви.

9Чи ж не наказав Я тобі: будь сильний та відважний? Не бійся й не лякайся, бо з тобою Господь, Бог твій, у всьому, де ти будеш ходити.
Ісус Навін 1:9 (переклад Огієнка І.І, UBIO)

7Просіть — і буде вам дано; шукайте — і знайдете; стукайте — і буде вам відчинено.

8Бо кожен, хто просить, — отримує, і хто шукає, — знаходить, і хто стукає, — тому буде відчинено.
Матвія 7:7-8

Наставництво

Наставництво зрілого християнина може надзвичайно допомогти вам. Я виявив, що думки та/або голоси, які мучать людину, намагаються змусити її ізолюватися. Вони не хочуть, щоб людина відвідувала здорову церкву, молитовні зібрання, вивчала Біблію або спілкувалася з іншими християнами.

Не слухайте більше таку брехню. Зробіть усе можливе, щоб встати з ліжка, вийти з дому і, можливо, якщо ви відчуєте спонукання, піти на церковне служіння чи молитовне зібрання.

Якщо вам все ще важко вибратися з дому, це нормально, я рекомендую спробувати знайти хороші вчення, щоб послухати або подивитися по телебаченню та/або в Інтернеті. Спробуйте знайти когось, хто проповідує послання благодаті, істини та любові. Я виявив, що багато разів духовні твердині намагаються спонукати людей, які, можливо, вже борються зі страхом, слухати засудливі вчення, зосереджені на самоправедності, законництві та пеклі. Страх може бути використаний як зброя, щоб спробувати мучити вас.

14А оскільки для дітей спільні плоть і кров, то й Він так само прийняв їх, щоб смертю позбавити сили того, хто має владу над смертю, тобто диявола,

15і визволити тих, які страхом смерті все життя трималися в рабстві. Євреям 2:14-15

8Хто не любить, той не пізнав Бога, тому що Бог є любов. 1 Івана 4:8

Бог не гнівається на вас і насправді хоче, щоб ви близько знали Його як свого найкращого друга. Не вірте мені на слово, натомість вірте тому, що говорить Боже слово. Якщо ви вірите в Ісуса, то ви як Авраам. Вас називають другом Божим!

23І збулося Писання, яке каже: Повірив Авраам Богу, і це зарахувалося йому за праведність, — і він був названий другом Божим. Якова 2:23

Одного разу я зустрів християнського консультанта в церкві. Цей консультант допоміг мені з багато чим в процесі звільнення, через який я пройшов. Я дуже вдячний Богу за те, що він послав цього консультанта.

Іноді мої думки ставали дуже негативними, і мій консультант/наставник допомагав мені подивитися на речі в іншому світлі. Завдяки порадам і Божому Слову я дізнався багато істин, які допомогли мені звільнитися від брехні. Без наставництва мені було б набагато важче.

Я вважаю, що вам потрібно знайти хорошого християнського наставника, який зможе спілкуватися з вами, молитися за вас і підбадьорювати вас. Будь ласка, помоліться і попросіть Ісуса, щоб Він послав Вам когось на допомогу.

Чесно, я молився довго, поки не з'явився мій перший наставник. Бог завжди відповідає на молитви, але зазвичай не в наш час. Будьте терплячі, Він відповість у Свій ідеальний час. Я вважаю, що мати когось на зразок наставника є життєво важливим для духовної підзвітності та зростання.

НІКОЛИ НЕ ЗДАВАЙТЕСЯ

Я хочу закликати вас не турбуватися про прийом ліків. Бог Отець не сердиться на вас за те, що ви приймаєте препарати для психіатричних хворих. Це не гріх - приймати ліки, щоб допомогти вам впоратися з симптомами. Прийом ліків або лікування ніде в Біблії не згадується як гріх.

Подумайте про це так, це ж не гріх – покласти пов'язку на рану, чи не так ? Так само, як ви можете використовувати пов'язку, щоб покрити рану, так само ви можете приймати ліки, щоб покрити симптом психічної або будь-якої іншої хвороби.

Якщо у вас є думки/голоси, які засуджують вас за прийом призначених ліків, тоді настав час розірвати цю брехню. Більше не вірте брехні, натомість скажіть брехливим думкам, щоб вони замовкли та вийшли з розуму в ім'я Ісуса.

Голоси казали мені, що мої ліки- це зло, і якщо я приймаю їх, це означає, що в мене немає віри. Усе це була велика брехня, заснована на страху. Я не даю (і не можу) давати медичних порад, але можу вам сказати одне: завжди приймайте ліки за призначенням. Багато разів я пропускав дні або тижні, і це справді приносило безлад у хімічні процеси в моєму мозку. Часом від цього мій розум ще більше мучився. Будь ласка, пам'ятайте завжди приймати ліки згідно з призначенням ліцензованого лікаря.

Після зростання у вірі та в особистих стосунках з Ісусом я почав почуватися краще. Я працював зі своєю родиною, клінічною командою та психіатром, щоб поступово відвикати від ліків. Це зайняло деякий час, але врешті-решт я відлучився від усіх ліків.

Будь ласка, знайте, що ви не є невдахою, якщо приймаєте ліки, і Бог Отець зовсім на вас не сердиться. Він розуміє, з чим ви маєте справу, і якщо ви хочете зрештою відмовитися від ліків, повідомте про це своїх лікарів і тих, хто вас підтримує. Ви можете бути здивовані тим, хто хоче допомогти вам досягти ваших цілей у відновленні.

І якщо відмова від ліків не є метою, це цілком нормально. Знайте, що Ісус любить вас, незалежно від того, приймаєте ви ліки чи ні. Для Нього це не має значення. Він любить вас, тому що ви Його дитина.

Ще одна річ, яка допомогла мені, — щоразу, коли до мене приходили голоси і казали, що я поганий або що я не маю віри, бо приймаю ліки, я від усього серця молився Богу. Я сказав Йому, що приймаю ліки від симптомів психічної хвороби, але покладаюся на Нього як на свого цілителя.

І знаєте що? Зрештою це почало працювати. Голоси осуду і провини покинули мене. Можливо, спробуйте це, якщо голоси змушували вас відчувати себе погано із-за приймання ліків. Все, що голоси коли-небудь робили зі мною, це брехали, брехали і ще раз брехали.

Я радий, що висвітлив проблеми з ліками, які мене так довго мучили. Я сподіваюся, що те, що я тут написав, допоможе комусь, хто має справу з подібною проблемою. Знову ж таки, Бог любить вас однаково, незалежно від того, приймаєте ви ліки чи ні. Повірте в це!

Разом з покаянням і навчанням як поклонятися і молитися ви можете служити звільненням самому собі. Насправді це зробити досить просто. Ділюся тим, що мені допомогло. Можливо, це допоможе і вам?

Спробуйте знайти тихе місце, наприклад спальню або вітальню. Ляжте на ліжко, зручне крісло або диван. Закрийте очі і почніть молитися Ісусу, сповідувати свої улюблені місця з Божого Письма та просити Його омити вас Своєю дорогоцінною кров'ю. Попросіть Його прийти Своїм Духом і допомогти вам отримати свободу. Дякуйте Йому за Його любов, милосердя і благодать. Подякуйте Йому за Його співчуття до вашого життя та за чудове майбутнє, яке Він запланував для вас. Подякуйте Богу за владу Ісуса, яка живе всередині вас через Святого Духа.

Коли ви будете готові, зробіть пару глибоких вдихів, а потім промовте щось подібне до наведеної нижче молитви.

Бог отець, я дякую Тобі за те, що Біблія каже, що я перейшов з під влади темряви в Царство Світла, і жодна зброя, створена проти мене, ніколи не зможе досягти успіху. Я відрікаюся і розриваю угоди з кожною брехнею, в яку я, можливо, вірив. Я також відмовляюся від усіх негативних брехливих емоцій, які не узгоджуються з Твоєю істиною. Правда полягає в тому, що я прощений, маю в собі Святого Духа і я улюблена дитина Бога. Тепер я наказую всій брехні та почуттям, які не від Бога, від'єднатися від мене зараз, в ім'я Ісуса. Я дякую Тобі, Боже, за силу, яку я маю в Тобі щоб виганяти злих духів. В ім'я Ісуса Христа з Назарета я звертаюся до кожної духовної твердині, я розриваю угоду з вами і наказую вам усім вийти/ піти геть від мене прямо зараз. В ім'я Ісуса Христа, виходьте/ йдіть геть зараз!

ПЕРЕМОГА НАД БРЕХНЕЮ

Я вважаю, що однією з головних причин, чому людям з психічними захворюваннями іноді потрібен час, щоб здобути свободу, є зумовленість розуму вірити брехні знову і знову.

На своєму власному шляху я помітив, що іноді мені потрібен час, щоб подолати конкретну брехню чи негативну емоцію. Наприклад, раніше я керувався думками та емоціями відторгнення (що я неприйнятий). У мене було переконання, що всі мене ненавидять. Це було важко подолати, тому що це переконання супроводжувалося сильною негативною емоцією. Я довго боровся з цією твердинею. Це негативно вплинуло на мою роботу, сім'ю та особисті стосунки. Але, пройшовши цю битву з Господньою допомогою, я отримав багато цінних розумінь, щоб допомогти іншим подолати неприйняття.

Хороша новина полягає в тому, що тепер, якщо я маю справу з чимось негативним у своєму житті, я розумію, що це зрештою піде на моє благо, як і обіцяє Біблія. Отримання цього одкровення з Божого слова полегшило мені проходження життєвих злетів і падінь.

3І не тільки цим, а хвалимось і скорботами, знаючи, що скорботи виробляють терпіння,

4терпіння — стійкість, стійкість — надію,
Рим 5:3-4

28А ми знаємо, що тим, які люблять Бога, які покликані за Його задумом, усе сприяє на добро.
Рим 8:28

Вправа, яка допомогла мені, полягає в тому, що я записував кожну брехню, в яку вірив про себе, свої життєві ситуації, інших людей і Бога. Наприклад, я записував такі речі, як «Я йду в пекло», «Я- негарний» або «Я ніколи не одружуся». Я записував всю брехню. Після того, як я її записав, я пройшовся по Біблії і знайшов усі місця з писання, які спростовують цю брехню. Слово Боже – це гострий меч для перемоги над обманом.

Бо слово Боже — живе та дієве, і гостріше від усякого двосічного меча; воно проникає до розділення душі й духу, суглобів і мізків і судить думки й наміри серця. Євреям 4:12

Знайшовши вірш або два, у яких йдеться про певну брехню, я відмовлявся від неї й говорив істину з того, що знайшов у Біблії. Я робив цю вправу щодня, доки врешті брехня не була знищена.

Я вважаю, що це головний інструмент для руйнування твердині: продовжуйте бити її істиною, поки вона не розсиплеться.

Деяким людям може знадобитися більше часу, ніж іншим, щоб перемогти певну брехню, тому що деяка брехня вкорінена в нас з дитинства. Наприклад, людина вірить у брехню, яку мама сказала їй, коли їй було п'ять років. Вона жила з цією брехнею, вкоріненою в її свідомості понад 50 років. Ви бачите, як цій людині може знадобитися трохи більше часу, щоб перемогти брехню з дитинства? Бог вірний, щоб допомогти вам, незалежно від того, наскільки глибоко брехня вкоренилася всередині вас.

Мені здається, що духовні твердині утворюються думками, кинутими в розум, як стріла в чиюсь голову. Якщо одна зі стріл (брехня) потрапляє в розум людини і вона сприймає її як правду, то в неї кидається ще кілька стріл (брехні). Якщо людина приймає їх, то стріли продовжують надходити. Зрештою будується твердиня.

Ключ, який, як я вважаю, допомагає, — це розпізнати, коли на Вас кидають брехливу думку або негативну емоцію. Потім, після того як ви це розпізнали, зловіть її, відречіться від неї і виженіть в ім'я Ісуса. Зробіть усе можливе, щоб навчитися вловлювати брехню, коли вона вперше влучає у ваш розум. Якщо ви не спіймаєте брехню прямо тоді, вона може перетворитися на негативну емоцію. А після того як негативні емоції проявляться, це може призвести до того, що ви вчините щось по плоті, про що, найімовірніше, пізніше пошкодуєте.

Приклад цього: у Вас з'являється думка що Ви не подобаєтеся своєму колезі. Ви зупиняєтеся на цій думці, а потім починаєте відчувати емоцію неприйняття та ненависті до свого колеги. Потім ви дозволяєте негативним емоціям проявлятися у вашій плоті у формі крику на свого колегу. Врешті-решт Вас звільняють з роботи.

Ви бачите, як віра в брехню може в кінцевому підсумку привести людину до негативних вчинків. Ось чому покаяння (зміна свідомості) є таким важливим.

Зробіть усе можливе, щоб співпрацювати зі Святим Духом, щоб навчитися вловлювати брехню у своєму розумі та не піддаватися негативним емоціям. Слово Боже допоможе вам розрізнити, що правда, а що брехня.

3Бо ми, живучи в плоті, не по плоті воюємо.

4Бо зброя нашої війни не плотська, а сильна перед Богом для руйнування твердинь.

5Нею ми руйнуємо мудрування і всяке звеличування, яке піднімається проти пізнання Бога, і полонимо кожну думку у послух Христу,

6і готові покарати за всякий непослух, коли здійсниться ваш послух. 2 Коринтянам 10:3-6

Сподіваюся, ви рухаєтеся вперед, щоб руйнувати твердині істиною, навчитись ловити стріли і більше не приймати брехню в свою душу. Щоб навчитися цій дисципліні, потрібен деякий час, але зрештою ця подорож буде того варта. Я вірю, що ви дізнаєтеся про деякі чудові речі, які також допоможуть перемагати іншим людям. Я справді вірю, що ви покликані стати могутньо помазаним другом Бога.

11Бо Я знаю ті думки, які думаю про вас, говорить Господь, думки спокою, а не на зло, щоб дати вам будучність та надію. Єремії 29:11

7

ЗАКЛЮЧНЕ СЛОВО

Ви — не ваш діагноз. Ви — улюблена дитина Бога, яка була звільнена понад 2000 років тому. Я щиро вірю, що психічні захворювання не є невиліковними, як багато хто каже. Я — живий доказ того, що ви можете бути звільненими та зціленими. Будьте підбадьорені тим, що життя не є безнадійним і що ви маєте велику цінність для Бога. Будь ласка, не забувайте продовжувати рухатися вперед з Ісусом. Ніколи не здавайтеся, тому що у Нього є велике призначення для вас і вашої родини. Хай Бог благословить вас!

Моя молитва за вас

«Бог Отець, я молюся за людину, яка читає це, я молюся, щоб одкровення про те, що вона може звільнитися від психічної хвороби, просвітило її. Як той, хто особисто звільнився від шизофренії через віру в Тебе , я прошу, щоб така ж мужність, віра та

сила, які Ти дав мені, були надані цій людині. Я молюся, щоб помазання Святого Духа спочивало на ній, коли вона вирішить стати учнем Ісуса, ходити в покаянні, зростати у своєму молитовному житті, поклонятися Ісусу, діяти у вірі та любові, а також зректися та відпустити кожну брехню в ім'я Ісуса. Допоможи цій людині ніколи не здаватися, а палко йти за Тобою. Я прошу, щоб Ти знайшов їй доброго християнського наставника, того, хто допоможе їй пережити цей час у житті. Найбільше я молюся, щоб вона стала дуже близькою до Святого Духа. Будь ласка, нагадуй їй щодня, що вона не самотня, але що Ти є її щитом, захисником, притулком, цілителем і визволителем. Дякую Тобі за любов до психічно хворих, Господи Ісусе, амінь».

10В тому любов, що не ми полюбили Бога, а що Він полюбив нас і послав Свого Сина в умилостивлення за наші гріхи. 1 Івана 4:10

25Я, Я є Той, Хто стирає провини твої ради Себе, а гріхів твоїх не пам'ятає! Ісайя 43:25

5І станеться, кожен, хто кликати буде Господнє Ім'я, той спасеться, бо на Сіонській горі та в Єрусалимі буде спасіння, як Господь говорив, та для тих позосталих, що Господь їх покличе. Іоіля 3:5

38Петро сказав їм: Покайтесь, і хай охреститься кожен з вас в ім'я Ісуса Христа для прощення гріхів, і ви отримаєте дар Святого Духа. Діяння 2:38

4Бо кожен, народжений від Бога, перемагає світ, і ця перемога, що перемогла світ, — наша віра.

5Хто перемагає світ, як не той, хто вірує, що Ісус є Син Божий? 1 Івана 5:4,5

15і до Мене поклич в день недолі, Я тебе порятую, ти ж прославиш Мене! Псалм 49 (50):15

7Ти покрова моя, Ти від утиску будеш мене стерегти, Ти обгорнеш мене радістю спасіння! Села. Псалм 31 (32):7

13Який визволив нас від влади темряви і перевів у Царство Свого улюбленого Сина,

14у Якому ми маємо викуплення Його кров'ю, прощення гріхів, Колосянам 1:13-14

17Жодна зброя, що зроблена буде на тебе, не матиме успіху, і кожнісінького язика, який стане з тобою до суду, осудиш. Це спадщина Господніх рабів, а їхнє оправдання від Мене, говорить Господь! Ісайя 54:17

13Страждає хтось серед вас? Нехай молиться. Веселий хтось? Нехай співає псалми.

14Хворіє хтось серед вас? Нехай покличе пресвітерів церкви, і хай вони помоляться над ним, помазавши його оливою в ім'я Господнє;

15і молитва віри уздоровить хворого, і Господь підніме його, і якщо він вчинив гріхи, то вони простя́ться йому.

16Зізнавайтесь один одному в провинах і моліться один за одного, щоб зцілитися. Багато може ревна молитва праведного. Якова 5:13-16

5А Він був ранений за наші гріхи, за наші провини Він мучений був, кара на Ньому була за наш мир, Його ж ранами нас уздоровлено! Ісайя 53:5

2та й сказав: Господь моя скеля й твердиня моя, і для мене Спаситель Він мій!

3Мій Бог моя скеля, сховаюсь я в ній, Він щит мій і ріг, Він спасіння мого, Він башта моя та моє пристановище! 2 Самуїла 22:23 1Давидів.

Благослови, душе моя, Господа, і все нутро моє святе Ймення Його!

2Благослови, душе моя, Господа, і не забувай за всі добродійства Його! 3Всі провини Твої Він прощає, всі недуги твої вздоровляє. 4Від могили життя твоє Він визволяє, Він милістю та милосердям тебе коронує. 5Він бажання твоє насичає добром, відновиться, мов той орел, твоя юність!
Псалом 102(103):1-5

10Нарешті, мої брати, зміцнюйтеся Господом і могутністю Його сили.

11Одягніться у всеозброєння Боже, щоб ви могли встояти проти хитрощів диявола;

12бо наша боротьба не проти крові й плоті, а проти начальств, проти влад, проти світоправителів темряви цього світу, проти духів зла в піднебессі.

13Тому візьміть всеозброєння Боже, щоб ви могли протистати в злий день і, все виконавши, встояти.

14Тож станьте, підперезавши свої стегна істиною, і одягнувшись у броню праведності,

15і взувши ноги в готовність проповідувати Євангеліє миру,

16а понад усе взявши щит віри, яким зможете погасити всі вогненні стріли лукавого;

17і шолом спасіння візьміть, і меч Духа, яким є слово Боже;

18усякою молитвою і благанням повсякчас молячись Духом, і саме для цього пильнуючи з усією постійністю і благанням за всіх святих;
Ефесянам 6:10-18

3Він зламаносердих лікує, і їхні рани болючі обв'язує,
Псалм 146:3

28Прийдіть до Мене всі стомлені й обтяжені, і Я дам вам спокій.

29Візьміть Моє ярмо на себе і навчіться від Мене, бо Я лагідний і смиренний серцем, і знайдете спокій своїм душам.

30Бо Моє ярмо — зручне і Мій тягар — легкий.
Матвія 11:28-30